Brownies para diabéticos en el microondas

Ingredientes

- 2 huevos enteros
- 100 grs tagatosa
- Vainilla líquida a gusto
- 100 grs harina cernida
- 50 grs cacao en polvo cernido
- 100 grs mantequilla fundida
- 1 pizca sal
- Nueces troceadas (opcional)

Instrucciones

- Derretir la mantequilla en el microondas por 15 segundos, y poner en otro bol los huevos, la tagatosa, la vainilla y la sal, mezclar bien y no batir.

-Preparar un molde para microondas con mantequilla y harina y esperar la mezcla.

-Tamine la harina y el cacao y agregue a la mezcla anterior, luego agregue las nueces picadas.

-Poner la mezcla en una fuente de poder y un microondas, calentarla a máxima potencia 2 1/2 minutos, dejar reposar 30 segundos, luego dejar reposar 2 1/2 minutos, sacarla y dejar reposar. dejar reposar a temperatura ambiente, cortarlo y desmoldarlo.

Tarta de manzana para diabéticos

Ingredientes
8 porciones

- Masa casi quebrada
- 1 taza harina integral
- 1/2 taza harina 0000
- 100 gr manteca
- 1 cucharada aceite de coco
- 1 huevo
- C/n leche
- Relleno de manzana
- 6 manzanas
- 1 cucharadita canela
- 1 cucharada edulcorante (equivale a 50 gr de azúcar)
- Crocante de coco y avena
- 1/3 taza coco rallado
- 1/2 taza avena
- 50 gr manteca
- 1/2 cucharadita canela
- 2 cucharadas edulcorante (equivale a 100 gr de azúcar)
- C/n crema batida light

Instrucciones

-Ponemos el horno a 180 grados y engrasamos una sartén de 20 cm y enharinamos.

-Hicimos un volcán con 0000 y harina integral. En el centro, ponemos mantequilla y una cucharada de aceite de coco, con ayuda de cornetes, realizamos el arenado

-Cuando conseguimos un ataque uniforme, volvemos a formar un volcán, ponemos un huevo y un poco de leche en el centro, comenzamos a combinar con los cornetes, no es necesario amasar, solo combinar (extracto de vainilla opcional). Después de la integración, lo refrigeramos durante una hora. Después de descansar, lo estiramos y lo metemos en la olla.

-Cortar la manzana en rodajas finas, mezclarla con el edulcorante y la canela, y volver a ponerla en la olla.

-Volvimos a chorrear con coco rallado, mantequilla, canela y avena, cubrimos el bizcocho con él, y lo metemos al horno a fuego medio por 60 minutos. O hasta que hacemos clic, la manzana se ablanda y la parte superior queda crujiente.

-A falta de azúcar, la parte superior no se pega, sigue siendo arenosa, el azúcar se carameliza y se pega en el horno y se vuelve crujiente. Pero lo compensamos añadiendo nata montada

Todos los contenidos de este Libro están sujetos a derechos de propiedad por las leyes de Derechos de Autor y demás Leyes relativas Internacionales a Mayerly y de terceros titulares de los mismos que han autorizado debidamente su inclusión.

En ningún caso se entenderá que se concede licencia alguna o se efectúa renuncia, transmisión, cesión total o parcial de dichos derechos ni se confiere ningún derecho, y en especial, de alteración, explotación, reproducción, distribución o comunicación pública sobre este libro sin la previa autorización expresa de Garnica o de los titulares correspondientes.

El uso de imágenes, fragmentos de videos y demás material que sea objeto de protección de los derechos de autor, será exclusivamente para fines educativos e informativos, y cualquier uso distinto como el lucro, reproducción, edición o modificación, será perseguido y sancionado por el respectivo titular de los Derechos de Autor.

Publicado por: Mayerly

Índice

Bizcochuelo apto para diabéticos

Ingredientes

- 150 gramos harina integral
- 200 gramos leche en polvo
- 100 mililitros aceite neutro
- 4 huevos
- 1 1/2 cucharada edulcorante líquido
- 1 cucharada polvo de hornear
- 1 cucharadita vinagre
- 1 limón (su ralladura)
- 150 mililitros agua

Instrucciones

-Batir los huevos e integrar el resto de los ingredientes líquidos.
-Recoger materias primas secas.
-Añadir la parte líquida poco a poco a secar hasta tener una mezcla homogénea.
-Vierta la mezcla en un molde cubierto con aceite y harina y cocine en un horno precalentado a temperatura media durante unos 40 minutos. Haz una prueba con un palillo de dientes para ver si está listo.
-Nota: Si no desea agrandarla, puede espesar la mezcla agregando menos agua y menos aceite. Siempre es bueno mirar la mezcla obtenida y equilibrar los ingredientes. Se pueden usar moldes más pequeños para hacer bizcochos más altos.

Muffins de café y dulce de leche light (apto para diabéticos)

Ingredientes
5 porciones

- 3/4 tazas harina
- 1 cda café (sin azúcar)
- 1/4 taza edulcorante en polvo (en mi caso uso splenda)
- 1/2 cda bicarbonato
- 3 cds aceite
- 1/2 taza agua
- 1/2 cda polvo de hornear
- 1 pizca sal
- Dulce de leche sin azúcar

Instrucciones
-Mezclar los ingredientes secos y el líquido. Luego mezcla. ¡El dulce de leche se puede llenar cuando esté listo
-Poner en molde y horno
-Olvidé la foto, pero compartí esta.

Bizcocho para diabéticos

Ingredientes

- 0 grm harina de espelta
- 2 plátanos
- 2 manzanas
- 1 sobre levadura
- Chocolate negro edulcorado
- Pasas
- Nueces

Instrucciones

-Poner las manzanas cortadas en el microondas durante 7 minutos. Después de cocinar, corte los plátanos.

-Mezclar la fruta con harina y levadura. Agrega un poco de leche. También puede agregar harina de almendras.

- Triturar toda la mezcla, agregar el chocolate, revolver bien, agregar nueces picadas y pasas.

-Hornear a 170 grados durante 40 minutos, puedes usar una esponja o molde para muffins. Adorne con pasas picadas o chispas de chocolate endulzadas.

Brownie saludable para diabéticos y celíacos

Ingredientes
6 porciones

- **100 gr harina algarroba**
- **50 gr Dátiles**
- **Nueces a gusto**

Instrucciones
-Hidratar los dátiles en agua caliente para quitar huesos o piedras, y luego enfriarlos en la misma agua
-Harina de algarrobo, sin necesidad de tamizar
-Procesar dátiles con agua y harina de algarroba.
-Añadir nueces o almendras al gusto
-Ponlo en un molde o en un recipiente para hornear. Asar 10 '
-Retire del horno y enfríe
-Mejor decorado con chocolate amargo
-Se recomienda consumir 50gr-100gr de dátiles todos los días porque tienen un bajo contenido de azúcar en sangre y son fuente de magnesio, fósforo, potasio y zinc, ayudan a una buena digestión y aportan mucha energía.
La calidad de la harina de algarrobo, su alto contenido en fibra, minerales y antioxidantes fenólicos, así como la calidad de la proteína no libre de gliadina la convierte en un ingrediente de alto valor nutricional, apto para pacientes celíacos y diabéticos.
La algarroba es un ingrediente ideal para reemplazar el chocolate.

Sorbete de limón para diabéticos

Ingredientes

- 150 ml zumo de limón
- 250 ml leche semi desnatada
- Ralladura de limón (de 1/4, aprox.)
- 1 clara de huevo
- 5 sobrecitos estevia (si te gusta más dulce, pon 7, o azúcar)

Instrucciones
-Añadir jugo de limón, leche, 4 sobres de stevia y ralladura de limón. Batirlo y unirlos
-Ponlo en el frigorífico durante 1 hora.
-Sacarlo del frigorífico y añadir las claras con una batidora (una vez cuajado y añadir otro sobre de stevia).
-Volver al frigorífico, sacarlo cada hora y media y remover a fondo (para evitar la cristalización). Aproximadamente tres o cuatro veces. Y estará listo en 6-8 horas. Se puede comer con un poco de canela en polvo. (Nota: si ha estado almacenado en el frigorífico durante mucho tiempo, sáquelo 1 hora antes de su consumo.

Flan de chocolate con galleta, para diabéticos

Ingredientes
6 porciones

- 2 tazas leche
- 4 cucharadas cacao en polvo
- 4 huevos
- 6 sobres estevia (o 100 gr de azucar)
- 6 galletas María dorada (las que tengas a mano)

Instrucciones
-Mezclar la leche (un poco caliente) con el cacao.
-Dejar enfriar y añadir huevos (batidos) y stevia (o edulcorante que quieras, o 100 gramos de azúcar). Y derrotarlo todo.
-Añadir a mano las galletas trituradas y envolver todo con una cuchara de madera.
-Convierta todo en flanera, una vez untado en mantequilla, agregue un poco de caramelo líquido en los bordes y el fondo.
-Poner el baño maría en el horno a 180 ° y hornear durante una hora y cuarto de hora. Y apuñale con un palo para ver si le resulta familiar. Se recomienda probarlo a tiempo.
-Nota: La galleta subirá a la parte superior y, cuando se dé la vuelta, se convertirá en la parte inferior.

Galletas de Avena para diabéticos

Ingredientes

- 100 gr Avena
- 50 gr harina común o integral
- Ralladura de 1 limón
- 1 cta esencia de vainilla
- 50 ml aceite de girasol o maíz
- Pizca sal
- 5 sobres edulcorante o 3 ctas de edul. Líquido (Ah gusto)
- 1 huevo

Instrucciones
-Todo en un bol. Lo amasas, luego formas un cilindro y lo cortas en un círculo. Aceite de molde para hornear o Fritolin.
-Hornear durante 10 minutos hasta que se dore.

Vainillas para diabéticos

Ingredientes

- 6 huevos
- 15 sobrecitos edulcorante
- 180 gramos harina
- 1 cucharada polvo de hornear
- 1 cucharada vainilla

Instrucciones
-Precalentar el horno a 180 °
-Separar los huevos, batir las claras con un poco de sal hasta que estén duras, añadir las yemas Mezclado con edulcorantes y vainilla en claras.
-Añadir la harina poco a poco y remover con una espátula de goma
-Poner la preparación en la manga y poner la vainilla en el plato untado y enharinado. (También se pueden hacer con cuchara, esparcir con cuidado
En el plato)
-Poner al horno durante 5 minutos. ¡Cuidado, porque se queman fácilmente! Terminan muy rápido. Apenas se vuelven marrones, por lo que son muy suaves.

Torta para Diabéticos

Ingredientes

- 3 huevos
- 25 cucharadas aceite
- 25 cucharadas harina
- 25 cucharadas edulcorante
- 25 cucharadas leche
- Jugo de 1 naranja
- Ralladura de 1 naranja
- Para el relleno
- 1 pote casamcrem light
- Arándanos (son aptos para diabéticos!)
- 100 grs Nueces

Instrucciones
-Mezclar el aceite y el edulcorante, luego mezclar y mezclar los huevos uno por uno.
-Añadir la harina, la leche, la piel y el zumo de naranja. Haga una masa uniforme batiendo. Precalienta el horno mediano. Cocine durante 40/50 minutos sin abrir el horno.
-Batir el aguacate con un poco de edulcorante. Divida la mezcla de suero de leche y nueces en dos capas y colóquelas encima de la mezcla y los arándanos.

Gelatina de limón para diabéticos de la Tía Yoli

Ingredientes

- 1 caja grande gelatina de limón de dieta
- 1 taza queso cottage
- 1 lata piña picada y escurrida
- 1 lata leche Clavel evaporada
- 1/2 taza nueces picadas

Instrucciones

-Disolver la gelatina en dos tazas de agua caliente y revolver bien.
-Cuando esté frío, agregue el requesón, la piña escurrida, la leche evaporada, revuelva bien, agregue las nueces picadas, ponga en un molde en el refrigerador y congele por 3 horas, o hasta cuajar

Gelatina apta para diabéticos

Ingredientes

- 2 sobres contenido de gelatina exquisita light
- 1 litro agua mitad caliente y mitad fría

Instrucciones
-Primero calentar la mitad de 1 litro de agua.
-Vierta agua caliente en cualquier fuente. Consejo, para que el contenido de gelatina no se pegue a la fuente, vierta un poco de agua caliente desde el fondo antes de verter el contenido de gelatina.
-Vierta en agua fría, revuelva por unos minutos, refrigere durante la noche y sirva.

Alfajores de coco para diabéticos

Ingredientes

- 250 grms coco
- 3 huevos
- 10 sobrecitos edulcorante
- Dulce de leche sin azúcar

Instrucciones
-Mezclar coco, edulcorante y huevos.
-Formar las tapas y colocarlas en el molde para hornear previamente engrasado.
-Ponlo en el horno precalentado. Preste atención porque se completan muy rápido. Hasta 10 a 15 minutos.
-Una vez fríos los snacks, rellénalos con dulce de leche.

Chocotorta para diabéticos

Ingredientes

- 2 sobres helado de dulce de leche light
- Galletitas de chocolate sin azúcar
- Leche

Instrucciones

-Siga las instrucciones del sobre para hacer helado, pero use menos leche. En mi caso, tuve que ponerle medio litro de leche y luego 400 ml. De esta forma, tienes una mousse más espesa, para que el bizcocho tenga consistencia.
-Sumergir las galletas en la leche y tapar la olla.
-Cubrir con mousse de leche y volver a poner una capa de bizcochos empapados en leche.
-Repetir el paso anterior nuevamente y cubrir con mousse.
-Pica las galletas y colócalas encima para decorarlas.
-Ponlo en el frigorífico de dos a tres horas.

Falso azúcar impalpable (apto diabéticos)

Ingredientes

- 10 grs. Leche en Polvo (puede ser descremada) 1y1/2 Cucharada
- 12 grs. Maicena (Fécula de Maíz) 1y1/2 Cucharada
- 8 grs. Sucralosa en polvo (o su equivalente en Stevia) 8 Sobrecitos

Instrucciones

-Tamine todos los ingredientes juntos al menos 3 veces hasta obtener un polvo fino muy similar al azúcar en polvo. Puede almacenarse en frasco cerrado. Y utilícelo siempre que lo necesitemos.

Budín de Ricotta para enamorar (apto diabéticos y celíacos)

Ingredientes

- 600 Grs. Ricotta
- 4 Huevos
- 1 Cta. Esencia de Vainilla
- 30 Sobrecitos Sucralosa (unos 30grs.)
- 1/2 Taza Leche descremada
- 4 Cdas. Maicena (Fécula de Maíz)
- 1/2 Limón, ralladura y jugo
- 1/2 Taza Pasas de Uva (opcional)

Instrucciones

-Separar las claras de las yemas, batir las claras con una pizca de sal hasta que estén duras, reservar. Batimos las yemas de huevo con sucralosa hasta que se pongan blancas, y finalmente añadimos vainilla, que guardamos.

-Mezclamos el queso ricotta con la leche, la maicena, el jugo y la ralladura de limón con ayuda de un tenedor, removemos por unos minutos hasta que quede cremoso, y luego si queremos, podemos mezclar las pasas con una espátula.

-Ahora mezclamos la preparación de yema de huevo con la preparación de queso ricotta de forma envolvente, una vez que todo esté bien integrado añadimos las claras de forma envolvente para que no se caigan.

-Utilizamos mantequilla y harina (usando almidón de maíz) para hacer un molde de pudín redondo en forma de shawarin, y luego vertimos la mezcla uniformemente en él.

Entramos al horno y lo precalentamos a 180ºC durante unos 50 minutos, hasta que la parte superior esté dorada, y al insertar un palito, quedará limpio.

Enfriar en el molde antes de desmoldar.

Budín integral de naranja para diabéticos

Ingredientes

- 3 huevos
- 1 taza harina integral
- 1/2 taza coco rallado
- 1/2 taza aceite
- 2 naranjas (jugo y ralladura)
- 1 cda generosa de polvo de hornear
- 10 grms edulcorante en polvo

Instrucciones
-Ponemos todos los ingredientes en la batidora y una vez que la masa esté homogénea, la metemos en el molde para hornear.
-Ponlo en el horno precalentado durante unos 20 minutos, luego disfrútalo.

Mermelada de arándanos dietética (apto diabéticos)

Ingredientes

- 150 grs. arándanos
- 300 cc. agua
- 1/2 cucharadita estevia (edulcorante líquido)

Instrucciones

-En una sartén hervir los arándanos con agua hasta que tenga una consistencia de mermelada, que quede muy blanda.
-Enfriar y endulzar con unas gotas de edulcorante.

Brownie de chocolate y nueces (apto para diabéticos y dietas)

Ingredientes

- 3 huevos
- 1 cucharada esencia o aroma de vainilla
- 50 ml. leche de almendras, 0% azúcares 0% gluten
- 200 gramos mantequilla light sin lactosa
- 70 gramos harina integral o (70 gramos de almendras molidas)
- Nueces (la cantidad es al gusto)
- 1 tableta o 200 gramos de chocolate negro para fundir, 0% azúcar 0% Gluten
- 2 cucharadas stevia

Instrucciones

-PASO 1: En un recipiente, separamos la barra de chocolate y le agregamos la mantequilla, luego la derretimos en el microondas o al baño María. Después de que esté completamente derretido, lo guardamos para su uso posterior.

-PASO 2: Agregue los huevos, una cucharada de extracto de vainilla y dos cucharadas de stevia en un tazón grande, y use una batidora eléctrica o manual para mezclar bien ...

-Luego añadimos harina de trigo integral, (si no queremos usar harina, podemos usar la misma cantidad de harina de almendras en su lugar) y volvemos a mezclar ...

-Agregamos la leche de almendras, las nueces trituradas que le agregué y el chocolate que derretimos antes, y volvemos a mezclar.

-PASO 3: Cogemos un molde apto para el horno, le ponemos papel antigrasa o aceite para que no se nos pegue ... Luego añadimos toda la masa en él ... Le añadimos unas nueces La decoración de la parte superior (este paso es opcional) los pongo enteros ..

-Lo metemos al horno unos 20/25 minutos. 180 grados hacia arriba y hacia abajo

-Cuando lo vemos terminado, lo sacamos del horno, lo dejamos enfriar a temperatura ambiente y lo retiramos ... Para finalizar disfruta de nuestro maravilloso brownie apto para diabéticos y dietéticos, súper saludable.

Muffins aptos para diabéticos

Ingredientes

- 2 huevos
- 1 1/2 taza harina blanca de trigo
- 2 cucharaditas polvo de hornear
- 1/3 taza aceite
- 1/4 taza leche
- 1 Ralladura limón
- 2 cucharadas mermelada
- 4 sobrecitos edulcorante en polvo

Instrucciones
-Ponga la harina, la levadura en polvo, el aceite y dos huevos en un bol. mezcla.
-Añadir la leche poco a poco, y remover hasta incorporar por completo. Deberíamos tener una mezcla espesa.
-Añadir edulcorantes, ralladura de limón y mermelada en la preparación (en mi ejemplo, usé fresas y frutos rojos).
-Engrasar los moldes y rellenarlos. Mételos en un horno precalentado y hornéalos a 160 grados durante 20 minutos.
-Una vez que estén listos, ¡son altos, mullidos y muy ricos!

Torta para Diabético

Ingredientes
15 porciones

- 1 unid Bizcochuelo sin azúcar
- 1 kilo Crema de leche
- c/n Edulcorante
- c/n Esencia de vainilla
- 2 Durazno
- 300 gms Frutilla
- c/n Arándanos o frutos rojos
- Almíbar apto p/diabético
- 3 Manzanas
- 1 litro Agua
- c/n Edulcorante

Instrucciones
-Cortar el bizcocho en rodajas redondas. Reserva.
-Utilice 3 manzanas, agua y edulcorante para hacer puré de manzana (hervir). Enfriar y mantener
-Batir la nata hasta la punta Chantilly, añadir edulcorante y extracto de vainilla. Reserva
-Humedecer el plato de bizcocho con almíbar, poner un poco de Chantilly y fruta picada. Repite
este proceso una vez más. Y decorado con Chantilly. Refrigere por 2 horas antes de cortar

Bizcochuelo para diabético

Ingredientes

- 5 Huevos
- 120 gms Harina 000
- 25 gms Almidón de maíz
- c/n Edulcorante o Stevia
- 1 Ralladura naranja
- 1 pocillo Leche
- 2 pocillos Aceite
- Esencia de vainilla
- 1 cdita Polvo p/horno
- 22-24 cm Molde de

Instrucciones

-Batir los huevos hasta que estén blancos y añadir edulcorante. Por otro lado, haz una emulsión con leche y aceite, agrégala a un batido y agrega la ralladura y el extracto de vainilla. (Puedes usar 200 gramos de yogur natural en lugar de loción)

-Mezclar en seco y mezclar con movimiento envolvente en 3 pasos

-Utilice la mantequilla y la harina en el molde y cocine los ingredientes preparados en un horno precalentado medio / bajo durante 30 a 45 minutos.

Mermelada de durazno para diabéticos

Ingredientes

- 1 kg. duraznos
- 150 gr fructosa
- 1/4 litro agua
- 1 cucharada jugo de limón

Instrucciones

-Pelar y picar melocotones (puedes hacerlos con ciruelas, peras o manzanas).
-En una olla grande con fondo grueso, agregue la fruta, el agua y el jugo de limón.
-Tapar la olla y cocinar hasta que la fruta esté blanda.
-Procesar la fruta mientras esté caliente, remover o mezclar y cocinar por otros 15 minutos.
Agregue fructosa y cocine a fuego lento durante 10 minutos.

Bizcochuelo de Vainilla También Apto Diabéticos tipo 2

Ingredientes
20 porciones

- 2 huevos
- 250 g azúcar [PARA DIABÉTICOS LEER PASO 8 y 9]
- 100 ml aceite girasol
- 1 cdita esencia de vainilla
- 250 ml leche
- 500 g harina leudante (preferentemente tamizada)
- 1 poco harina y aceite extra y un molde. (yo usé uno número 26)
- ralladura de limón u otra fruta (opcional)
- Decoración:
- Granas o Grageas a gusto
- dulce de leche u otro similar (mermelada, dulces, etcétera) para pegar las grageas

Instrucciones
-Batir primero los huevos, luego añadir el azúcar y batir unas cuantas veces más. Lo hice a mano, pero también se puede hacer con una batidora.
-Añadir aceite (100 ml) y extracto de vainilla. Batir unas cuantas veces más hasta que el aceite se mezcle con la mezcla.
-Añadir la leche y batir unas cuantas veces más.
-Esto es parte de la pasión o la fruta, ¿por qué debería poner estas dos opciones? tan fácil. Este bizcocho lo puedes dejar como está, o puedes agregarle ralladura de limón o naranja (lo recomiendo mucho), o de la misma forma, puedes agregar cubitos de frutas como manzanas, uvas, peras, naranjas, y lo que más te guste. .esperanza. En este caso, solo dejé entusiasmo.
-Ahora echamos la harina (500g) y mezclamos bien. Usé harina muy fina, pero si no la tienes la puedes tamizar o no, esto es lo que ya te gusta.
-Por otro lado, poner un poco de aceite en el molde a utilizar, extender la servilleta, y ver que llegue bien a todas direcciones. Espolvorear un poco de harina y esparcir por el molde.
-Ahora ponemos la mezcla en el molde y la enviamos al horno. -El tiempo de cocción dependerá del horno que tengas, yo tengo un horno industrial y en ocasiones se hace en 25 minutos. -Para saber si está cocido, en primer lugar veremos que va a cambiar de color, y en segundo lugar, debe quedar limpio al pincharlo verticalmente con un cuchillo. -Consejo: No cierre la puerta del horno con demasiada fuerza, de lo contrario puede bajar.
-Bueno, mientras esperamos que se cocine, para los diabéticos: les cuento un poquito, mi papá es diabético, y yo he estado buscando recetas sencillas y riquísimas que se pueda comer; hasta que me di cuenta de mi familia La idea de revisar esta receta le fue adaptada. La situación es la siguiente: Para los diabéticos, pon 14 paquetes de edulcorante (yo uso el clásico, pero puede ser stevia u otro) en lugar de azúcar y listo, toda la receta sigue igual.

-Es muy recomendable añadir frutas fibrosas como manzanas o peras para contrarrestar los efectos adversos de la harina.

-El bizcocho ya está cocido, lo podemos desmoldar en el acto o dejarlo enfriar, no hace mucha diferencia. Todo lo que recuerdan es usar un cuchillo para rodear el borde para separar la masa del molde.

-Ahora hay decoraciones. Puedes poner un poco de mermelada o salsa de leche, y luego pegar la gragea; o, esta es mi favorita, puedes mezclar 1/2 jugo de limón + 125 gramos de azúcar en polvo y ponerlo encima. (La mezcla de limón + azúcar debe ser semilíquida para que podamos esparcirla, así que ajústala según tus ideas)

Budín de harina integral coco y dulce de leche para diabéticos

Ingredientes
4 porciones

- 150 grms manteca
- 25 grms edulcorante
- 3 huevos
- 100 cc leche
- 400 grms harina integral
- Polvo de hornear
- 100 grms Coco rallado
- Vainilla
- Dulce de leche light

Instrucciones

-Batir la mantequilla con edulcorante hasta que esté blanda

-No dejes de remover, agrega los huevos, la leche y la vainilla poco a poco

-Añadir la harina, el coco y la levadura en polvo, revolviendo constantemente, para que todos los ingredientes se integren por completo.

-En el pudín, cubrimos el fondo con masa, luego ponemos dulce de leche a lo largo y lo cubrimos con más masa. No lo llene muy alto, ya que crecerá y puede desbordarse.

-Hornear en el horno a 180 ° 40 minutos.

- disfrutar

Glasé sin azúcar - Apto diabéticos

Ingredientes

- 3 Cucharadas Leche en polvo descremada
- 3 Cucharadas Maicena (Fécula de maíz)
- 10 a 12 Sobrecitos Edulcorante en polvo
- Cantidad necesaria Jugo de Limón, Naranja o Agua

Instrucciones
-Sellar todos los ingredientes secos unas 3 o 4 veces, de modo que todos los ingredientes estén completamente fusionados y se obtenga un polvo muy fino.
-Añadir el líquido seleccionado poco a poco hasta conseguir la consistencia deseada. No debe estar muy líquida, más o menos como gelatina.
-Under sobre budín o bizcocho para decorar el sabor. Se seca rápidamente.

Torta para diabéticos

Ingredientes

- 2 tazas harina
- 14 sobrecitos Stevia
- 1 cda sopera de polvo de hornear
- 1/4 taza granola sin azúcar. Opcional
- 1 cda postre de chía. Opcional
- 1 pizca sal
- 1 cda sopera de cacao amargo
- 1 huevo
- El jugo de 1 naranja
- 3 cdas soperas de aceite neutro
- 1 taza agua mineral

Instrucciones

-Ponga todos los ingredientes secos en un bol: harina ... Si quieres, puedes agregar 1 taza de harina blanca y 1 taza de harina integral, stevia, granola, semillas de chía y una pizca de sal.
-Además de batir los huevos con un tenedor, agrega jugo de naranja, aceite neutro y agua mineral.
-Además de batir los huevos con un tenedor, agrega jugo de naranja, aceite neutro y agua mineral.
-Si quieres marmolear, ahora agrega cacao a una parte de la masa
-Gire el horno precalentado a 220 grados, en mi cocina está un paso por debajo de la temperatura mínima.
-Cocinar de 40 a 45 minutos. Vigila después de 30 minutos para evitar que pasen ... Todo depende de cada horno. Después de que salgan las brochetas, sáquelas para que se enfríen y desmolde
-disfrutar

Scones de naranja para diabéticos

Ingredientes

- 300 gms harina integral
- Harina un cero lo mínimo posible solo para unir
- 15 gms edulcorante en polvo
- 60 ml aceite
- 1 huevo
- 60 ml jugo de naranja
- 2 cdas polvo de hornear
- 1 pizca sal
- Ralladura de naranja

Instrucciones
-Mezclar harina de trigo integral, edulcorante, levadura en polvo y sal
-Añadir aceite, ralladura de naranja, zumo de naranja y huevos
-Ponlo en la encimera y amasa al mínimo, agrega 0 harina hasta que quede una masa uniforme.
-Estira, corta y hornea en horno a 180 ° durante unos 15 minutos. Cuidado, porque se hacen rápido.

Bizcocho naranja para diabéticos

Ingredientes

- 200 g. harina integral de espelra
- 1 sobre levadura
- 1 yogurt desnatado natural
- 90 ml. aceite girasol
- 1 naranja (ralladura y el zumo)
- 30 g. stevia
- 1 cucharadita canela molida

Instrucciones
-Batimos 4 huevos primero
-Agregamos aceite (90 ml de aceite de girasol), 1 parte de yogur natural descremado
-Agregamos la cáscara de una naranja y su jugo. También agregamos 30 gramos. Stevia.
-Luego mezclamos 200 gramos de harina integral, una bolsa de levadura y una cucharadita de canela en polvo
-Simplemente engrasar el molde y calentarlo en el microondas durante 40 minutos. A 180 grados.

Sorrentinos SIN HARINA! (aptos celíacos y diabéticos)

Ingredientes
4 porciones

- masa
- 400 g ricota magra
- 4 huevos grandes
- Sal y pimienta
- relleno
- 400 g espinaca cocida y escurrida
- 3 cdas queso rallado
- Sal, pimienta y nuez moscada
- a gusto Salsa

Instrucciones

-Relleno: Cocinamos espinacas, escurrimos el agua para eliminar todo el exceso de líquido, y luego dejamos enfriar. Agregamos queso rallado, sal, pimienta y nuez moscada. Usamos Multiquick para procesarlo hasta que se convierta en una pasta.

-Con la ayuda de dos cucharaditas, hacemos bolitas y las guardamos en el frigorífico. Este paso simplificará enormemente el montaje de Sorrentinos.

-En un bol ponemos queso ricotta. Agregamos los huevos uno a uno, mezclando con cada adición hasta que se integren con el queso ricotta. Condimentar con sal y pimienta. Esta será una pasta espesa, similar a un gofre.

-Aplicamos un poco de spray vegetal a la sartén antiadherente (o panqueque). Cuando la olla esté caliente, ponemos aros de pasta (una cucharada de mezcla por persona es suficiente). En el centro de cada círculo, colocamos un pequeño montón de rellenos y cubrimos con una cucharada de pasta. ¡No te distraigas! Trabaja en conjunto, todo está bajo control. ¡Esto no es tan difícil como parece!

-Cuando se retiran los sorrentinos de la base, les damos la vuelta con una espátula y los freímos hasta que estén dorados por el otro lado. ¿Crees que esto es fácil? ¡Cómo hacer panqueques! Cuando aparecen, las sacamos y las guardamos en un plato o bandeja de horno.

-Podemos prepararlos el día anterior, o dejarlos congelar. Para congelarlas las colocamos en la repisa del molde para hornear, las tapamos con film y las metemos en el frigorífico hasta que endurezcan. Luego los embolsamos y solo sacamos lo que necesitamos. ¿Cómo los caliento Peti? ¡Como toda la pasta! Los terminamos con salsa en una sartén hasta que alcancen temperatura porque ¡ya están cocidos!

-¡usted! ¡La misión "Sorrentino Zero Flour" está completa! ¡Espero que te gusten tanto como a nosotros!

Arroz con pollo apto para diabéticos

Ingredientes

- 3 patamuslos deshuesados y cortados en cubos
- c/n Manteca
- c/n Aceite de oliva
- Hebras de azafrán o azafrán en polvo
- 800 CC Caldo de pollo
- Tomillo
- 100 grs arvejas
- Perejil picado
- 150 grs arroz Yamaní
- 2 cebollas medianas
- 1 zanahoria
- 1/2 pimiento verde
- 1 diente ajo

Instrucciones

-Deshuesar y picar el pollo. Condimentar con un poco de mantequilla y aceitunas, sellar y dorar. Reserva.

-Dado que el arroz Yamani debe cocinarse durante al menos 40 minutos, comienza a cocinarse con caldo de pollo y azafrán. Si el azafrán es filiforme, se debe calentar o secar en una cuchara al fuego con anticipación para liberar su sabor y aumentar su solubilidad.

-En la misma olla donde se colorea el pollo, cortar finamente la cebolla y el pimiento morrón, el aceite de oliva y la zanahoria. Más o menos después de 20 minutos de cocción, se agrega arroz Yamaní a esta preparación junto con pollo dorado para extender el tiempo de cocción a 40 minutos.

-Añadir tomillo, guisantes tempranos y perejil cuando esté listo

Tarta de ricota para diabéticos

Ingredientes

- 130 grs manteca pomada
- 50 g Hileret polvo
- 1 huevo grande
- 130 grs harina 0000
- 130 grs semolin
- Chorrito esencia de vainilla
- 1 cucharada sopera Royal
- Relleno
- 600 grs ricota
- 2 yemas
- 50 grs manteca pomada
- Ralladura de medio limón
- 50 grs Hileret polvo

Instrucciones

-La harina y la sémola se tamizan añadiendo extracto de vainilla, huevos, hileret en polvo y una cucharada de royal. No se amasa juntando los elementos con una espátula y luego se deja reposar en el frigorífico durante 2 horas.

-Relleno: Agrega los elementos descritos anteriormente y colócalos en el frigorífico.

-Cortar la masa quieta por la mitad (fondo y tapa del molde de 20/25 cm). Estiramos y colocamos el relleno, y luego cruzamos la tapa a modo de chimenea en la parte superior. Hornee a 200 gramos durante 30 minutos. Cuando se enfríe, sáquelo del molde al revés y sírvalo con una cucharada de mermelada de fresas o frutos rojos.

Baklavas Manuel sin azúcar. Apta diabéticos y veganos

Ingredientes

- 150 gr. nueces
- 200 gr. dátiles frescos pesados ya sin hueso
- 3 cucharadas soperas sirope de agave
- 1 lámina hojaldre (con margarina para veganos)
- Opcional:
- 1 huevo para barnizar
- Sésamo en semillas para adornar

Instrucciones

-Es mejor triturar las nueces y los dátiles pelados con una picadora de carne
-Añadir 2 cucharadas de sirope de agave a la pasta resultante y mezclar bien
-Estira un poco el hojaldre, luego córtalo en 4 tiras. Ponga una porción de una mezcla de nueces y dátiles en cada uno. Luego cerrar hasta que se forme un tubo de aproximadamente 2 cm. Sin embargo, el tamaño no es importante. Luego se expanden.
-Esta tira se corta en trozos cuadrados del tamaño que queramos. El baklava suele ser muy pequeño, por lo que 2x2 cm es suficiente. Si es necesario, puedes usar huevos batidos para glasearlos. Si no, métenlos en el horno precalentado como están, unos 180 grados. Aproximadamente 20 minutos, o hasta que estén doradas.
-Ponga la cucharada sopera restante de sirope de agave en una taza, caliéntela en el microondas por unos segundos para que quede líquida, y úsela para glasear el bizcocho mientras está caliente.
¡Listo!! Coma cuando estén fríos y a temperatura ambiente.

Torta de naranja con mousse de naranja sin TACC para diabéticos

Ingredientes

- Bizcochuelo molde 24 cm de diámetro
- 6 huevos
- Stevia a gusto (1 cucharadita y media aprox)
- 4 cucharadas fécula de maíz
- 4 cucharadas harina de arroz
- 4 cucharadas leche en polvo
- Esencia de vainilla
- Ralladura de media naranja
- Crema de naranjas
- Merengue suizo de 3 claras
- Stevia a gusto
- 400 g queso crema apto
- 250 g crema de leche apta
- 10 g gelatina sin sabor
- 100 cc jugo de naranja
- Para humedecer
- 400 cc jugo de naranja
- Napage de durazno
- 200 cc jugo de naranja
- 50 g mermelada de durazno sin azúcar y apta
- Stevia a gusto

Instrucciones

-Pastel: Poner el huevo entero en un bol, agregar stevia y batir hasta que aparezcan las letras
-Añadir la harina tamizada en forma de agua de lluvia, y utilizar una espátula de goma para envolver y mezclar de forma suave
-Poner las preparaciones en moldes untados con mantequilla y cocinar en un horno mediano durante unos 30 minutos.
-Para la crema de naranja: Pon las claras de huevo y la stevia en un bol para hacer un merengue continuo.
-Por otro lado, usa jugo de naranja para hidratar y retener la gelatina sin sabor.
-Fusionar queso crema con merengue y agregar media nata montada a esta preparación
-Añadir una última vez la gelatina, mezclar todo y conservar.
-Para napage: Ponga todos los ingredientes en una olla y déjelo reducir unos minutos.
-Montar: Cortar el bizcocho en 3 trozos. Colocar la base de bizcocho en un molde móvil, luego verter un poco de crema de naranja, luego otro bizcocho y más productos, otro bizcocho y finalmente esparcir la crema. Ponlo en el frigorífico unos minutos. Luego poner los melocotones napage y enfriar de nuevo. Una vez enfriado, desmonta el molde y sirve.

Mermelada de naranjas para Diabéticos

Ingredientes

- 1 kilo Naranja
- 1 limón el jugo
- 2 cucharadas las de te de Stevia en polvo = 50 gr o líquida 8 a10 gotas

Instrucciones
-Lavar las naranjas, secar y pelar
-Intenta quitar la cáscara y hacerla lo más fina posible
-Luego saca la parte blanca para no volverse tan amargo
-Cortarlas en trozos pequeños, sacar las piedras y meterlas en la olla, mientras camina
-Para cocinar cortar las cáscaras en tiras finas y verterlas con un chorro de agua
-Apagar el fuego y cocinar 40 toneladas, agregar stevia y jugo de limón
-Utiliza una cuchara de madera para mezclar todo uniformemente durante 10 minutos, luego verás hacia dónde va la mermelada
-Consigue una tesitura más espesa y luego la dejas enfriar un poco, luego la pones en un frasco esterilizado

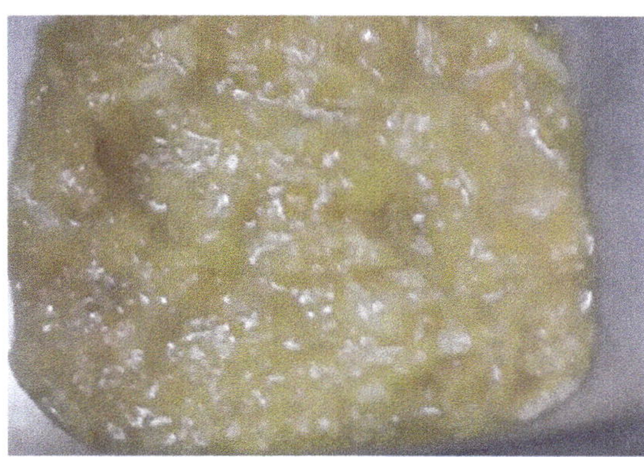

Crema Catalana sin azúcar para diabéticos en Mambo

Ingredientes
4 porciones
Instrucciones
-Ponemos la leche en la jarra de mambo, junto a las ramitas de canela y la ralladura de limón, porque queremos infundir la leche. Programamos a 80º y velocidad 1 durante 10 minutos
-Quitamos las ramitas de canela y la ralladura de limón
-Agregamos maicena, edulcorante y yema de huevo. Usé un poco de leche fría para diluir la maicena, así se licuará mejor. Ponemos Mambo a velocidad 3, 80 ° y potencia de calor 3 durante 10 minutos.
-Vierta la crema en el recipiente, cúbralo con film y guárdelo en el frigorífico durante al menos 4 horas.
-Si queremos, le ponemos un poco de almíbar, le pongo una flor de coco, pero puede ser agave, se verá y sabrá a azúcar quemada, pero si padece Diabetes, por favor no lo use.

Yogurt casero apto para diabético

Ingredientes
9 porciones

- 3 L leche entera
- 3 cucharaditas stevia
- 1 pote yogur Ser (sin azúcar)

Instrucciones
-En la olla calentamos tres litros de leche durante unos 7-8 minutos, no dejes que se caliente demasiado, mucho menos que hierva y apagamos
-En la cazuela de barro, echaremos una lata de yogur y revolveremos uniformemente para evitar grumos
-Hay un filtro encima, echaremos toda la leche y 3 cucharaditas de stevia. Mezclamos bien y no hay grumos.
-Cubrimos la olla con un mantel para evitar la pérdida de calor, y luego la metemos al horno (cerrada) durante la noche. Al día siguiente lo sacamos y lo metemos en un frasco, lo tapamos con film transparente o aluminio y lo enfriamos en el refrigerador por varias horas.

Lemon pie para Diabéticos y celiacos

Ingredientes
22 porciones

- PARA LA MASA:
- 180 gr harina de arroz
- 2 cdas colmadas de almidón de maíz (Maizena)
- 2 sobrecitos Stevia
- 1 cdita polvo de hornear
- 1 Ralladura de limón
- 100 gr margarina vegetal
- 1 huevo
- RELLENO :
- 300 ml leche descremadas o puede ser agua
- 2 yemas
- 1 1/2 Ralladura y jugo de limón
- Edulcorante a gusto
- 3 cdas maizena
- Esencia de vainilla
- merengue
- 3 claras
- 2 sobres Stevia (polvo)
- 1 cda colmada de gelatina sin sabor
- 4 cdas colmadas de agua

Instrucciones

-Mezclar todos los ingredientes secos, agregar margarina o mantequilla, luego agregar los huevos y rallar y combinar. No amasar, dejar reposar la masa en el frigorífico 30 '... luego hornear en blanco a 25' 170 ° dependiendo de la situación en el horno (no demasiado marrón)

-Vamos al relleno: Poner la leche o agua en una olla y usar a fuego lento, en otro recipiente, batir la yema de huevo con edulcorante, jugo, ralladura de limón y maicena, luego agregarla a la leche o al agua, luego seguir revolviendo hasta espesa (tenga paciencia), no deje de remover, luego sáquelo y enfríe a temperatura ambiente. Una vez enfriado, rellena el bizcocho

-MERENGUE: En un recipiente ponemos las claras de huevo y revolvemos, luego añadimos stevia en polvo poco a poco y seguimos agitando, excepto en un frasco pequeño, ponemos una cucharada de agua y gelatina sin sabor, y luego lo ponemos en el mínimo de calor hasta que se derrita la gelatina ... Una vez que veas este líquido, lo añadimos en forma de hilo, damos palmaditas en las alitas ligeras y seguimos dando palmaditas hasta que se ponga fría y dura ... Una vez que estés listo para decorar el nevera ... (también puedes hornear merengues, OJO)

Pastel limón diabéticos

Ingredientes

- 200 gr galletas tipo digestive
- 100 gr mantequilla lighr
- 200 gr queso blanco light tipo Philadelphia
- 500 ml bata montar bajo en frase a ser posible
- 1 cucharadita stevia en polvo
- 150 leche desnatada
- 200 ml zumo limón (4 limones)

Instrucciones

-Aplastamos 200 gramos de bizcochos hasta que estén triturados
-Fundimos 100 gramos de mantequilla light en el microondas. Mezclamos mantequilla y polvo de galleta
-Presione la mezcla de galleta y mantequilla en el molde para pastel. Esta será nuestra base de tarta
-Con ingredientes fríos, mezclamos 200 gramos de queso blanco, 500 mililitros de nata, 150 mililitros de leche desnatada y una cucharada de stevia. Mezclar a máxima potencia para arreglar las uñas buenas y ganar algo de volumen. Lo hará más esponjoso.
-Exprimimos unos limones hasta obtener 200 ml de zumo. En mi caso son 4 limones
-Caliente el jugo hasta que hierva, luego agregue 2 sobres de gelatina. Revuelva y disuelva uniformemente
-Si quieres amarillo, tendrás que usar colorante. También puedes pelarlo y agregarlo. Esto al menos hará que el color se vuelva amarillento y mejorará aún más el sabor.
-Agregamos el jugo a la mezcla removida y luego lo combinamos con una espátula para dar un movimiento envolvente. Poco a poco, no te impacientes ni te impacientes.
-Luego vertimos en el molde. Deje reposar y guarde en el frigorífico durante al menos 4 horas. El resultado serán colores pastel blancos.
-observar. Para realzar el sabor del limón, la próxima vez agregaré uno o dos yogur de limón.

Preparación de pastas de semolin para diabéticos

Ingredientes

- kg semolin
- 10 huevos grandes
- 15 grs sal
- 1 taza café de aceite de oliva

Instrucciones

-Los elementos comienzan a mezclarse con la sémola en los bordes. No requiere mucho amasado. Debe "sentirse" homogéneo. Cúbralo con una bolsa de plástico y déjelo reposar durante unos 40 minutos.

-Según el número de personas, cada persona pesa 100 gramos, por lo que pesamos 300 gramos de fideos, 300 gramos de mozzarella, y el resto se hace en finas láminas de lasaña. Siempre se estira primero con un palito hasta que su grosor sea de unos 2 mm, luego pasa por el punto 1 de la máquina, y así sucesivamente por el 3, y termina en 5 o 6 según la preparación. Casi nunca uso seis porque se ajusta muy bien a mi gusto

-Para los fideos de consumo directo, los espolvoreo con sémola y los meto en el frigorífico. Colgué los compactos secos en un palo hecho a mano (escoba) para que se sequen, luego puse las hojas de lasaña en una superficie lisa con una envoltura de plástico para que se sequen, y luego se pueden almacenar como cualquier pasta seca con obvias condiciones sanitarias.

Pomelada light con arándanos: vegan, apto celíacos y diabéticos

Ingredientes
3 porciones

- 3 pomelos
- 350 ml agua + 1 vaso extra
- edulcorante a gusto
- 1 puñado arándanos

Instrucciones
-Utilice un pelador de patatas para quitar la piel del pomelo (evite la parte blanca). Lo ponemos en una olla con 350 ml de agua. Vayamos al fuego. Cuando hierva, baje el fuego al mínimo, cierre la tapa y deje que hierva durante 5 minutos. Después de eso, apagamos y agregamos edulcorantes. Mezclar y dejar enfriar.
-Exprimimos las toronjas y ponemos su jugo en el tarro.
-Agregamos el "almíbar" que hicimos con la cáscara, que ya está fría, y lo filtramos vigorosamente para que la cáscara no se caiga al frasco. Agregamos un vaso extra de agua y un puñado de arándanos (exprímalos con las manos para abrirlos un poco para que suelten el aroma y el sabor). Dejemos que se enfríe en el frigorífico.
-¡prepararse!

Tortilla de acelga para diabético resistente insulina

Ingredientes

- 1 cabeza ajo
- 2 paquetes acelga
- 4 huevos grandes
- Sal
- Pimienta
- Aceite de oliva
- 2 zanahorias ralladas

Instrucciones

-Lavar las hojas de remolacha, quitar los tallos y cocinar por 15 minutos
-Cuando se acabe el tiempo, picar la remolacha y mezclar con las zanahorias ralladas
-Utilice una batidora para batir los huevos enteros a alta velocidad, luego mezcle con la remolacha y la zanahoria.
-Pica los dientes de ajo y sofríe unos minutos.
-Vierta el ajo en la mezcla, revuelva y fría las tortillas con dos cucharadas de aceite de oliva en una sartén.

Tartaleta de piña para diabéticos

Ingredientes
10 porciones

- 1 masa para tartaletas de 18 cms
- 200 gr piña en conserva laminadas y sin azúcar añadida, reservar el jugo
- 200 gr durazno en conserva laminadas y sin azúcar añadida, reservar el jugo
- 1 pote yogurt de piña endulzado con Stevia
- 8 gr gelatina neutra previamente disuelta a baño maría

Instrucciones
-Añadir la gelatina en un tazón mediano. Agregue jugo de piña y una cierta cantidad de recipiente de yogur vacío. Disolver en microondas o baño maría. En un bol grande, vaciamos el contenido de yogur de piña. Agregamos gelatina disuelta en jugo de piña. Mezclamos
-Vierta la mezcla en la masa de pay fría previamente cocida. Refrigeramos por 20 minutos. eliminar. Rellena la mitad del bizcocho con nuestras rodajas de piña reservadas, colócalas una al lado de la otra y termina la otra mitad con rodajas de melocotón.
-Pincemos la fruta con un brillo neutro. Decora con hojas de menta fresca.
-Cortar en trozos pequeños y comer

Galletitas de coco low carbs aptas para diabéticos

Ingredientes

- 1 taza harina de coco
- 1 taza coco rallado
- 1/2 taza azúcar de coco
- 1 cucharada bien colmada de polvo de hornear
- 3 huevos
- 3 cucharadas aceite
- 3 cucharadas jarabe de agave

Instrucciones

-Mezclar los ingredientes secos (1 a 4) de un lado con los ingredientes húmedos (5 a 7) del otro lado.

-Utilice una cuchara para mezclar los ingredientes secos con los húmedos.

-Amasar ligeramente en un bol para mezclar todos los ingredientes. Si necesita más líquido, puede agregar más sirope o aceite de agave.

-Amasarlo hasta formar una bola con las manos y luego apretarlo ligeramente.

-Ponlos en la bandeja de horno. Utilizo una sartén para hacer pizza con pequeños agujeros. En estos tostadores, no es necesario poner mantequilla y aceite en el papel pergamino.

-Llévalo al horno. Tengo un horno eléctrico. Primero enciendo la resistencia inferior, y después de un tiempo enciendo la resistencia superior para que todas las preparaciones se puedan cocinar de manera más uniforme. Intente usar un palillo de dientes, si se seca, está listo.

-Añadir opcional vainilla.

-Puedes usar la misma proporción de azúcar de coco en lugar de azúcar regular y harina de coco en lugar de harina regular. El jarabe de agave también puede reemplazar la miel para hacerla más dulce. En este caso, las galletas ya no son aptas para diabéticos y contienen carbohidratos.

Galletitas de almendras aptas para diabéticos

Ingredientes

- 2 tazas harina
- 1 taza harina integral
- 1/2 taza almendras trituradas
- 30 gramos edulcorante en polvo
- 10 gramos polvo de hornear
- 1/2 taza manteca derretida
- 2 huevos
- c/n Vainilla
- c/n Ralladura de limón

Instrucciones

-Procesar harina con levadura en polvo y edulcorante
-Añadir mantequilla, huevos y vainilla, ralladura de limón y almendras y amasar a mano
-Si la combinación no es buena, podemos agregar leche.
-Estirado medio centímetro de grosor
-Cortar el sabor con un molde, ponerlo en un molde para hornear untado con mantequilla y espolvorear con harina
-Hornear a 180 grados por 10 '

Budín de limón apto para diabéticos y celiacos

Ingredientes

- 150 g harina de arroz
- 75 g Fécula de maíz
- 75 g Fécula de mandioca
- 2 cdas aceite
- 2 huevos
- 1 cda polvo de hornear
- 150 cm3 leche
- Jugo de 1 limón
- Ralladura de limón
- Cacao amargo
- Stevia en polvo

Instrucciones

-Primero tamizar la harina con la levadura en polvo.
-Añadir huevos, aceite, ralladura de limón y jugo
-Añadir la leche poco a poco. Debe tener una consistencia semilíquida. Si es necesario, agregue más leche.
-Añadir stevia al gusto. Ponlo en un molde y hornea a 180 grados durante 20 minutos.
-Decorar con cacao en polvo diluido con agua y stevia.

Budín de avena y frutos secos apto para diabéticos

Ingredientes

- 3 taza avena
- 2 huevo
- 2 clara
- C/n frutos secos
- 1 manzana
- 1 banana (opcional)
- c/n Edulcorante
- 2 cucharada miel
- 1 cucharadita polvo para hornear
- Coco rallado (opcional)
- Vainilla a gusto

Instrucciones

-Mezclar avena con levadura en polvo, frutos secos, manzanas ralladas, plátanos en rodajas, vainilla, miel y edulcorante, y mezclar bien.

-En otro bol batir uniformemente los huevos y las claras, después de que aumente el volumen verter en la mezcla de avena y remover bien.

-Espolvoree aceite vegetal o rocíe aceite en una sartén, luego limpie con una servilleta, vierta la mezcla y póngala en el horno durante 30 minutos.

Torta de zanahoria (apta para diabéticos y celíacos)

Ingredientes

- 4 huevos
- 2 tazas Splenda
- 2 tazas harina premezcla
- 1 taza aceite
- 1 cda Royal
- 3 zanahorias ralladas
- Vainilla (a gusto)
- Canela (a gusto)
- Cacao amargo (a gusto)

Instrucciones
-Limpiar las zanahorias, ponerlas en un bol con la mitad de Splenda y meterlas en el frigorífico
-Ponga los ingredientes en el bol en orden
-Mezcla todo bien, agrega zanahorias ralladas, si quieres nueces picadas, agrega la última cucharada, un poco de cacao amargo, y haz un patrón de mármol. Hornee a 160 * durante 30 a 45 minutos.

Ñoquis de ricota y semolin para diabéticos

Ingredientes

- 500 grs ricota entera
- 1 huevo entero y una yema (para que no sean duros)
- c/n Semolin
- A gusto Sal
- A gusto Pimienta
- c/n Nuez moscada
- 100 grs queso parmesano rallado
- c/n Salsa a elección (Bolognesa, hongos, fileto, etc)

Instrucciones

-En un bol mezclar el queso ricotta, los huevos, el queso rallado, la sal, la pimienta y la nuez moscada, y mezclar lentamente con la sémola para obtener la dureza necesaria para la masa y para cortar y hacer tiras de ñoquis.

-Retirar la masa hasta que alcance una consistencia uniforme y maleable. Amasar en tiras y cortar en trozos de 1 cm. Se ponen en un molde para pizza con sémola con un tenedor para que no se peguen. Se guardan en el frigorífico o se congelan.

-Ponlos en un recipiente con agua salada hirviendo y sácalos cuando suban. Posteriormente se aderezó con la salsa de su elección.

Galletitas de limón apta diabéticos

Ingredientes
25 porciones

1 huevo
7 sobres edulcorante
1 chorro aceite más o menos 50 ml
Ralladura de un limón
Harina leudante cantidad necesaria más o menos 250 gr

Instrucciones
-Batir los huevos con edulcorante hasta que estén espumosos.
-Añadir la ralladura de limón y el aceite
-Entonces agrega la harina hasta que se forme una masa estirable, si lo crees necesario puedes agregar un poco más de aceite.
-Estira la masa y córtala en la forma que quieras, usé un desodorante
-Hornear en el horno hasta que estén doradas.
-¡Y disfrútalas! La verdad es que quedan riquísimos cuando salen con muy pocos ingredientes.

Galletas sanas para diabéticos y colesterol

Ingredientes

- 3 Claras de huevos
- 1 cucharada tagatosa
- Harina de almendras
- 1 cda esencia de vainilla

Instrucciones

-Para las claras que están a punto de nevar, añadir tagatosa y extracto de vainilla y seguir batiendo durante 1 minuto o menos para no perder consistencia.

-Luego agregas harina de almendras y revuelves con movimiento envolvente

-Utiliza mangas para hacer pequeños montones de mezcla sobre papel de aluminio ... (así los coloqué) No me gusta el papel manteca. No uso aceite.

-15 a 20 minutos en el horno.

Crumble de manzanas para diabéticos

Ingredientes

- 8 manzanas rojas
- 1 taza harina
- 1/2 taza tagatosa
- Canela molida a gusto
- 2 cdas mantequilla

Instrucciones

-Lavar las manzanas, pelarlas y cortarlas en rodajas, esparcir mantequilla en la bandeja de horno, poner todas las manzanas en orden, y luego mezclar la harina, la tagatosa y la mantequilla hasta que estén. Haga una mezcla grumosa, colóquela encima y póngalas en un horno precalentado a 200 grados por 40 minutos, coma frío o caliente, si lo desea puede agregar una bola de helado de vainilla.

Pastel queso especial diabético

Ingredientes

- 100 gr mantequilla light
- Galletas digestive
- 500 gr queso
- 1 yogurt desnatado
- 2 cucharadas Stevia o similar
- 1 limón
- 5 huevos
- Opcional
- Mermelada
- Gelatina

Instrucciones

-La base es opcional. También puedes hacer tartas sin base de galleta, y las calorías serán mucho menores. También puedes hacer la base presionando las galletas sin mantequilla
- Derretimos 100 gramos. Mantequilla ligera. Mezclamos con bizcochos triturados hasta formar una pasta. La pasta se presiona más en el fondo del molde. Esta será la base de nuestro pastel.
-Mezclar 500 gramos de queso light con yogur descremado sin azúcar
-También agregamos 2 cucharaditas de stevia y un jugo de limón. También me gusta agregar ralladura de limón.
-Tú calientas la mezcla. Agregamos los huevos uno a uno y los mezclamos. Aproximadamente 10-15 minutos. Siempre estamos moviéndonos. Hasta que empiece a espesarse
-Volvemos en el molde. Cuando enfríe, lo metemos en el frigorífico. Es mejor hacer el postre el día anterior y revisarlo en el refrigerador.
-Reporta ahora
-No lo escondí. Si quieres, cuando el bizcocho se enfríe, puedes añadir una cucharada de mermelada y media taza de agua en el microondas. Una vez el calendario, lo revuelves y pintas la parte superior del pastel.
-Otra opción es calentar agua, unos 200ml, cuando el agua se caliente, añadir un sobre para hacer gelatina

Gazpacho o porra para diabéticos

Ingredientes

- 1 kg tomate maduro, o de pera
- 1 manzana tipo golden
- 2 zanahorias
- 1 ajo pequeño
- 1 pimiento verde
- Sal
- Vinagre
- Aceite de oliva

Instrucciones

-Añadir aceite, 1/2 taza, 1/2 cucharadita de sal y vinagre al gusto, quitar el ajo del medio, pelar los tomates y lavarlos y picarlos, lavar las zanahorias y cortarlas en trozos pequeños para triturarlas fácilmente, y lavar las manzanas, y pica.

-Ponga pimienta. Pon la licuadora, si quieres puedes pasar el chino, debe espesar, si no, agrega más tomates. Se puede servir en un plato con verduras y huevos cocidos picados (zanahorias, pimientos verdes, pepinos, cebollas)

-También se le puede añadir agua fría para que se mantenga líquida. En Málaga se llama zoque, gazpacho. Si es espesa, es similar a la porra de Antequera .. Espero que les guste.

Mermelada de naranja y manzana, sin azúcar. diabéticos-celíacos

Ingredientes
4 porciones

- 1 kg naranjas
- 1 kg manzanas
- 1 limon Jugo
- 2 cucharadas edulcorante en polvo (o a gusto)
- 4 Frascos limpios con tapa
- Herramientas recomendadas
- Multiprocesadora
- Difusor de calor o cacerola que permita estar separada del fuego

Instrucciones
-Lavar las frutas, especialmente las manzanas, porque usaremos la cáscara
-Pelar las naranjas. Después de pelar, cortar en cubos para quitar las semillas y guardar en un bol.
-Cortar la manzana y quitar el centro y las partes antiestéticas de la cáscara. Corta en cubos y agrega las naranjas al bol. El orden es importante porque el ácido de las naranjas puede evitar que las manzanas se oxiden. Mezcle mientras agrega las manzanas.
-Pasar todo por múltiples procesadores. Si haces mucho en dos lotes. Si no lo tienes, puedes cortarlo muy pequeño. Si deja trozos muy grandes, el tiempo de cocción será mayor.
-Vierta la mezcla en una cacerola u olla. Use un esparcidor de calor o alguna forma de evitar que el fuego toque directamente el recipiente. Tengo un accesorio grill que puede dejar un espacio de aire entre el fuego y la mezcla.
-Vuelva a la temperatura más baja durante 50 minutos, revolviendo en una olla con tapa cada 10 minutos. Si no tiene difusor, debe revisar y agregar agua con más frecuencia para evitar quemaduras.
-Desinfecte el frasco y la tapa por separado al mismo tiempo. Para las latas: llena cada lata con la mitad del agua, luego ponla en el microondas a máxima potencia hasta que hierva. Allí, déjalo hervir durante 5 minutos. Vierta el agua y colóquela en un estante o un paño limpio para que se seque.
-Poner la tapa en un frasco con agua y dejar reposar durante 5 minutos después de que empiece a hervir. Retirar y colocar sobre un paño limpio.
-Después de cocinar por 50 minutos, agregue limón y edulcorante. Continúe cocinando durante 10-15 minutos. Apaga el fuego y déjalo enfriar por otros 10 minutos.
-paquete. Debe hacerse con mermelada caliente para evitar la contaminación. Llena el frasco hasta el tope y ciérralo inmediatamente.
-Enfriar a temperatura ambiente y conservar en frigorífico hasta su consumo. Sugiero indicar la fecha de preparación en la etiqueta.

Galletas mantequilla para diabéticos

Ingredientes

- 250 gr. Mantequilla light
- 2 cucharaditas stevi
- 1 huevo
- 1 cucharadita esencia de vainilla
- 250 gr harina integral

Instrucciones

- Derretimos 250 gramos de mantequilla light. Yo uso mantequilla normal, que es lo que tengo. Agrega 2 cucharaditas de stevia y mezcla.
-En la máquina, mezclamos los huevos con una cucharadita de vainilla
-Agregamos mantequilla derretida y stevia a la mezcla
-Añadir 250 gramos de harina integral a la mezcla. He usado harina de espelta integral, que tiene menor valor calórico que la harina de trigo y maíz ... es mejor para diabéticos. También agregamos 4 gramos (una cuarta parte del sobre) de levadura. Lo mezclamos uniformemente para asegurarnos de que esté uniformemente mezclado.
-Usamos masa para hacer una bola. Lo dejamos reposar en el frigorífico unos 30 minutos. Lo cubro con una película, y no sé si será lo mismo con, por ejemplo, una lata de baccarat cerrada.
-Sacamos la masa del frigorífico y damos forma a las galletas. Lo horneamos durante 15 minutos. A 180 grados
-Una vez que se hayan enfriado ... se pueden servir. ¡disfrutar!

heesecake de limón para diabético

Ingredientes

- 200 gr galletas integrales sin azúcar equivale 36 galletas
- 150 gr mantequilla light
- 600 gr queso crema light
- 150 ml leche descremada
- 150 ml jugo de limón
- 3 sobres jalea sin sabor
- 3 sobres tagatosa cada una tiene 2.5
- 1 limón para decorar

Instrucciones

Bueno, mi molde comenzaba a los 26 cm. Lo primero que hicimos fue cortar la base del papel manteca. Dejamos las galletas a un lado para procesarlas, mientras calentamos la mantequilla, mientras la trituramos, y luego la agregamos para formar una cosa compacta.

-Aplastarlo a mano, enfriar al hacer la mezcla, luego poner el queso crema con tagatosa y leche desnatada

-Remover bien, agregar el jugo de limón a una olla pequeña y hervir, agregar la gelatina sin condimentar hasta que espese, agregarla a la mezcla anterior y remover bien.

-Ha sido frito, lo ponemos en el molde para que se esparza uniformemente, lo dejamos reposar por al menos 3 horas, luego lo retiramos con cuidado y lo separamos y decoramos con limón, listo para brindar un rico dulzor 0% azúcar

Tortitas integrales aptas para diabéticos

Ingredientes
20 porciones

- 1 kg harina integral
- 250 gr grasa vacuna derretida o aceite o manteca
- 10 gr sal
- 450 cc leche o agua tibia
- 2 sobres levadura seca o sea 20 gr
- 1 cdita azúcar

Instrucciones
-Hice la masa en el horno atma, pero se puede hacer a mano. En el recipiente, ponga la leche tibia, el azúcar y la bolsa de levadura en la leche caliente, revuelva y deje reposar unos minutos para que se active.
-Si se hace en horno atma, poner las preparaciones anteriores, luego poner la harina y la sal y poner en el programa 8. 1 e integrar hasta obtener un pan terso, amasar durante 20 minutos. Haz que doble su tamaño y cúbrelo con una película y un paño para mantenerlo caliente.
-Si lo estamos haciendo en un horno pequeño, déjelo subir mientras desenchufa la máquina, y luego regrese al programa 8 para el segundo amasado. Si lo hacemos a mano, dejamos que suba y volvemos a amasar durante 20 minutos. Para formar un moño del tamaño requerido, obtuve 3 docenas.
-Aplastarlo en un plato, pincharlo con un tenedor y fermentar al doble de su tamaño. No pudimos evitarlo más y dejamos que subieran un poco, y los de abajo salieron más alto. Hornee entre 200 y 250 grados hasta que se doren.

Mermelada de manzana para diabéticos

Ingredientes

- 10 manzanas medianas a grandes
- Jugo de 1 limón
- 500 cc agua caliente
- 5 sobresitos de edulcorante o 5 cucharadas grandes de stevia

Instrucciones

-Pelamos y quitamos las semillas de nuestras semillas, las cortamos en trozos pequeños, y luego las ponemos en una olla grande. Se parece mucho a mí, pero se necesita mucho tiempo para obtener lo suficiente.

-Luego añadimos el zumo y 500cc de agua.

-A fuego medio-bajo, cuando empiece a calentar y a hervir, lo dejamos a un lado, lo removemos y lo removemos hasta que la manzana se descomponga por completo (verás como va disminuyendo poco a poco)

-Este proceso tarda unos 40/50 minutos. Lo apagamos y lo dejamos enfriar.

-Ponemos la pasta en la licuadora junto con 5 bolsas de edulcorante. Damos la vuelta por 5 segundos

-Serán muy resbaladizas, luego regresa a la olla y calienta por otros 5 minutos hasta que esté lista y tenga una buena consistencia

-Dejar enfriar y poner en un frasco

Dulce de naranjas sin azúcar para diabéticos

Ingredientes

- 1 y 1/2 kilo naranjas
- 1/4 kilo zanahorias
- 1 clavo de olor

Instrucciones
-Pocos ingredientes, fácil de hacer
-Pelar las zanahorias
-Rallado o en rodajas finas
-Quitar la piel y la parte blanca de la naranja, que le da un sabor amargo a la preparación, cortada en trozos pequeños
-Ponga las zanahorias y las naranjas en una sartén (de doble o triple fondo) junto a los dientes, cocínelas en el fuego grande durante unos 45 minutos, luego cocínelas en el fuego más pequeño a fuego lento, dándoles la vuelta de forma permanente con una cuchara de madera.
-Quitar los clavos -Mezclar pero no mezclar, seguir cocinando durante 1/2 hora aproximadamente- ¿Cómo sabemos si está listo? Tome una cucharada de mermelada, colóquela en un plato frío, dibuje un zurco en el medio, si no está armado, esta lista, cuando se enfríe, necesita más consistencia.

Tarta de queso con chocolate apta para diabéticos

Ingredientes

- 250 gr. galletas sin azúcar
- 100 gr. mantequilla
- 1 cucharada azúcar (sin azúcar glass de Dayelet)
- 1 cucharada cacao en polvo (Dayalet)
- 500 gr. queso crema
- 100 gr. azúcar (como la anterior)
- 1 brik (200 ml) nata
- 2 huevos
- 1 cucharadita aroma de vainilla, (Vale esencia también)
- 100 gr chocolate negro sin azúcar (Dayalet)

Instrucciones

-Primero triturar las galletas, agregar una cucharada de azúcar y cacao y mantequilla derretida. Mezclamos todo junto.
-Ponemos la mezcla en el fondo del molde, cubriremos el fondo con papel de horno y engrasaremos la pared. Reservamos
-En mi caso calentamos el horno a 150 grados.
-Mezclamos uniformemente queso, huevos, azúcar, nata y extracto de vainilla. Debe ser una crema consistente.
-Tomamos más o menos un tercio de esta crema y la mezclamos con chocolate derretido. Lo terminé en el micrófono en 30 segundos. Lo estoy controlando para que no se queme
-Ponemos la nata restante en el molde y la alisamos
-Ponemos crema y chocolate en una manga pastelera y la ponemos encima para hacer círculos, líneas, lo que queramos.
-Hornear, unos 50 minutos. Veamos si se ha solidificado, y si no, agreguemos un poco más de horno. (Si vemos que se oscurece mucho durante la cocción, podemos ponerle un poco de papel de aluminio
-Lo dejamos enfriar, y cuando se enfría lo metemos en el frigorífico por lo menos 4 horas, y lo como día a día.

Magdalenas, las más ricas APTA diabéticos

Ingredientes

- 2 huevos
- 12 sobres edulcorante (También pueden hacerlo con azúcar)
- 62 ML Aceite girasol
- 25 ML leche
- Ralladura de medio limón (También le puse algunas gotitas)
- 125 GR Harina (use la pureza refinada pueden usar la que gusten)
- 10 GR levadura
- Esencia de vainilla a gusto

Instrucciones
-Batir los huevos
-Añadir edulcorante, aceite, leche y ralladura de limón poco a poco. Revuelva bien.
-Añadir la levadura y revolver.
-Añadir la harina poco a poco y batir
-Rellena el molde hasta la mitad. Preparé polvo Nesquik y chocolate marmolado para mi novio que no es diabético
-Ponga en el horno por 15 minutos, el doble de tiempo.
-¡Vamos a disfrutarlos! ! ! Son realmente ricos y ligeros

Omelette saludable dulce (apto diabético)

Ingredientes

- 2 claras
- 3 cdas avena instantánea
- 1/2 bananna
- Esencia vainilla a gusto
- Edulcorante 2 cdas de te

Instrucciones
-Batir las claras de huevo con edulcorante
-Añadir avena y plátano en rodajas
-Calienta una sartén o panqueque con un poco de mantequilla o aceite o spray vegetal, luego agrega la comida preparada, cocina hasta que se dore y luego dale la vuelta con cuidado por unos minutos más.
-Puedes poner cualquier fruta, en mi caso también puedes poner chispas de chocolate o pasas

Mermelada de Calabaza apta para diabéticos

Ingredientes

- 800 g calabaza
- 1 taza agua
- 6 sobrecitos Stevia
- 4 g gelatina sin sabor (medio paquetito)
- C/n extracto de vainilla (o cual esquier cosa para perfumar)

Instrucciones

-Pelar la calabaza y cortarla en trozos, y ponerla en una olla de fondo grueso para evitar que se queme con el agua. Cocine hasta que esté blanda.

-Poner stevia y dejar cocer un poco más. Luego agregue la gelatina sin condimentar y revuelva bien para que se disuelva todo. Apáguelo y déjelo enfriar un poco.

-Después de calentar, agregue vainilla o cualquier perfume que desee.

-Ponlo en una botella y consumir en una semana.

Mermelada de fresa casera fit apta para diabéticos

Ingredientes

- 1.5 kilos fresa
- 2/3 manzana (usé variedad golden)
- Ralladura de media naranja (solo cáscara)

Instrucciones

-Principalmente lavando frutas, porque necesitamos cáscaras.

-Picamos fresas y manzanas (con la piel muy limpia) tanto como sea posible. Cuanto más pequeña sea la pieza, menos cocción necesitará

-Molemos la ralladura de media naranja. También se puede cortar en rodajas como otras frutas (si desea encontrar rodajas de naranja, hay opciones más personales). En casa, preferimos que sea lo más delgado posible.

-Utilizamos una olla grande y vertemos la fruta picada. Lo ponemos a fuego medio y lo removemos para que no se pegue. Lo ponemos al fuego durante unos 40 minutos, revolviendo de vez en cuando. Veremos poco a poco que debido a la pectina contenida en la cáscara de manzana y naranja, la fruta liberará agua y azúcar, formando así la textura de mermelada.

-Como paso opcional, la licuadora se puede pasar ligeramente para que sea más refinada, dependiendo de las preferencias personales. Como resultado, tenemos una deliciosa mermelada que no contiene azúcar, stevia ni edulcorantes. Es cierto que no es tan dulce como el que compramos, pero en lo que a mí respecta, me gusta más porque odiamos los dulces en casa.

-Lavamos las latas con agua hirviendo. Después de secar, ponemos la mermelada mientras esté caliente. Llenamos el frasco y lo cerramos. Después de cerrar, le damos la vuelta para crear un vacío en la olla. Estas mermeladas se pueden conservar durante una semana, pero también se pueden congelar.

-Con tantas frutas, conseguí 5 tarros de mermelada medianos (como los tarros de mermelada del supermercado). Espero que te guste esta idea

Dulce de frutillas sin azúcar - apto diabéticos - 2 recetas

Ingredientes

- depende de que receta se hace los ingredientes varian
- 1/2 kilo frutillas
- 2-3 sobres edulcorante
- 2-3 tapitas edulcorante líquido
- 1 clavo de olor
- esencia de vainilla
- 1 limón exprimido
- 1 cucharadita cardamomo

Instrucciones

-1 Receta: Lavar las fresas enteras en agua fría, escurrir el agua y quitarles los tallos y las hojas
-Cortar en trozos pequeños, poner en un bol, agregar 1 jugo de limón o usar jugo de limón exprimido a través de 1/4 de vaso
-Añadir 2-3 botellas de edulcorante líquido apto para cocinar
-Ponga las fresas en una cacerola profunda, use la estufa más pequeña a fuego lento, revuelva con una cuchara de madera
-Cuando lo pones en un plato y usas una cuchara para hacer un surco, no aparecerán dulces-ten en cuenta que se volverá más espeso después de enfriar
-Llena un frasco de vidrio limpio y esterilizado con una bola de algodón, cubre el interior y los bordes con alcohol y cúbrelo-Llévalo al refrigerador-Se puede almacenar por unos días
-2 Receta: Lavar las fresas y las hojas junto con agua corriente, luego escurrir, filtrar, quitar las hojas y cortar en trozos pequeños
-Ponga las fresas en una cacerola profunda y agregue solo 1 diente
-2-3 bolsas de edulcorante en polvo
-Pon una cucharadita de cardamomo en polvo
-Cocinar al menos a la consistencia deseada en una estufa pequeña, se necesita más consistencia cuando se enfríe-Quitar los dientes y agregar unas gotas de extracto de vainilla
-Llene botellas limpias y esterilizadas con alcohol, coloque bolas de algodón en ellas y guárdelas en el refrigerador.
-Pruebe, si le gustan los dulces, agregue más edulcorantes una vez que se conviertan en dulces.

Bizcochuelo de chocolate vegano/ para diabéticos súper fácil

Ingredientes
8 porciones

- 500 gramos harina leudante
- 3 cucharaditas bicarbonato de sodio
- 3 cucharaditas jugo de limón
- 10 cucharaditas aceite
- 10 cucharadas soperas cacao amargo (o 6 si no usan azúcar)
- 350 gramos azúcar
- 550 mililitros agua a temperatura ambiente

Instrucciones
-Precalentar el horno a temperatura media / media baja. Depende de la potencia del horno, porque el mío es muy potente, lo uso así:
-Agregue bicarbonato de sodio y jugo de limón en un tazón y revuelva hasta obtener la siguiente consistencia
-Añadir cacao amargo a la mezcla en el bol, sugiero que primero agregue una cucharada y revuelva hasta que esté bien mezclado con bicarbonato y jugo de limón.
-Ponga la harina en un bol y revuelva hasta que tenga este color. Recuerde siempre levantar la parte inferior porque el bicarbonato de sodio está un poco húmedo y puede dejar grumos.
-Añadir agua y aceite y batir hasta que no queden partículas. Nota: Si quieres hacer una tarta apta para diabéticos, este es el último paso. Cuando termine, ponga la mezcla en un molde que previamente había sido engrasado en el piso y los bordes.
-Poner el azúcar en la mezcla y revolver hasta que se incorpore por completo al resto de la mezcla.
-El color de la mezcla final debe coincidir con el color de la foto. Luego de completar esta operación, deben poner la mezcla en el molde, previamente han aplicado el aceite en el piso y bordes.
-Se seca cuando se inserta el cuchillo. Se hace así
-Corté el bizcocho en cubos pequeños, lo metí en una bolsa y luego lo sellé con cinta adhesiva.

Galletas de mantequilla para diabéticos

Ingredientes

- 90 g mantequilla sin azúcar
- 90 g harina
- 1 huevo

Instrucciones

-Mezclar mantequilla y huevos
- Tamizar la harina y mezclar con lo anterior.
-Si ves que necesita más harina, puedes agregar
-Amasar y cortar con un molde
-Colocar en el horno a 180 grados durante 25 o 30 minutos.
-Sacar y decorar

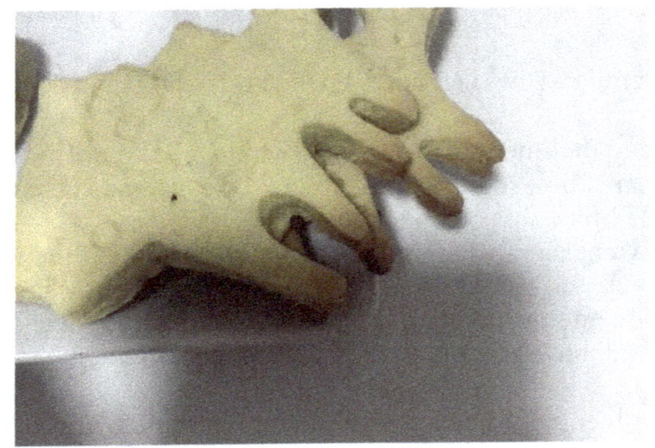

Croquetas de harina integral especial para diabéticos

Ingredientes

- 150 g azúcar mascabo
- 100 ml aceite
- 100 g almendras
- 1 huevo
- 2 cucharadas polvo de hornear
- 2 cucharadas esencia de coco
- 100 g avena
- 250 g harina integral

Instrucciones
-Primero trituramos las almendras
-Entonces agregamos azúcar al bol
-Agregamos levadura en polvo, huevos, aceite
-Mezclar todo y agregar almendras
-Entonces fruta glaseada y pasas
-Agregamos avena y harina
-Amasamos todo bien y luego lo sacamos del bol
-Dividir en bollos y meterlos al horno 20 '
- ¡Listo!

Flan microondas para diabéticos

Ingredientes

- 2 Huevos
- 4 Claras
- 400 ml leche desnatada
- Esencia de vainilla o caramelo
- Canela
- 2 Tapones sacarina o cucharadas

Instrucciones
-Simplemente usamos una licuadora para mezclar todo, y luego lo vertimos en el molde o bol que queramos. El caramelo es opcional porque contiene azúcar, pero una pequeña cantidad no nos afectará
-Ponlo en el frigorífico después de emparejar y espolvorea con canela al gusto
-Lo metemos en el microondas durante 5 minutos, descansando en el medio para que no hierva

Almuerzo rápido y sencillo apto para diabéticos

Ingredientes

- 1/2 taza arroz integral
- 1 tomate
- 1 huevo
- 1 pechuga de pollo
- Sal y condimento a gusto

Instrucciones
-Cocinar arroz y huevos juntos.
-Punch los tomates, agregue el arroz y los huevos picados
-Cocina a la plancha o cocina hasta que te guste y disfruta

Pancitos integrales apto para diabéticos

Ingredientes

- 500 g harina integral
- 300 cc agua
- 10 g levadura en polvo
- 2 cucharaditas sal
- 1 cucharada aceite vegetal

Instrucciones

-Mezclar bolsa de levadura, sal, harina y aceite en un bol

-Añadir agua y empezar a amasar.

-Deje reposar durante 20 minutos

-Combine la masa en bollos y colóquelos en un horno mediano por 20 minutos

Tortitas de naranja apto para diabéticos

Ingredientes

- 25 cucharadas aceite vegetal
- 15 cucharadas edulcorante líquido
- 25 cucharadas leche descremada
- 25 cucharadas harina integral
- 3 huevos
- 1 cucharadita polvo de hornear
- 1 naranja

Instrucciones
-Batir aceite con edulcorante
-Añadir huevos uno a uno
-Únete a Tangerine y su apasionante juego
-Mezclar la harina con la levadura en polvo
-Añadir leche a la harina y añadir a la preparación
-Añadir todos los ingredientes en el molde y al horno durante unos 30 minutos

Pan de avena en taza apto para diabéticos

Ingredientes

Ingredientes
- 5 cucharadas avena instantánea
- 2 cucharadas coco rallado
- 1 cucharada stevia
- 4 cucharadas leche descremada
- 1 huevo
- 1 cucharadita polvo de hornear

Instrucciones
-Mezclar todos los ingredientes
-Añádelo a tu taza favorita 2 veces
-1 minuto y 20 segundos en el microondas
-Se puede cortar en rodajas y servir con mermelada natural, fruta o lo que más te guste